시바다 시선집

꽃재 사람들

꿈을엮는책

책 머리에

사람들은 어떤 집단을 만들기도 하고 몸담았던 집단에서 떠나기도 합니다. 사람의 일이 사람의 뜻 속에서 결집과 분화를 거듭하면서 사회성을 가질 때 집단의 역사가 쓰여지고 그것은 실록이 됩니다.

시마을 대경지회 문학인들은 10여 년 세월을 한결같은 마음이었습니다. 좋은 선배님들과 본심이 맑은 후배들이 모여 만남의 기쁨을 교감하는 일은 문학이라는 장르 속에서 시의 밭을 일구는 동질의 사람들이었기에 가능했으리라 생각합니다. 시마을에서 대경커뮤니티 방을 하나 얻어 동향의 사람들로 모였던 대경지회가 다양한 문학 행사를 통해 오프라인 활동을 시작하면서부터 가상공간에서 현실공간으로 '시바다' 만남이 이루어졌고 오프라인 모임의 구심체가 된 '꽃재'는 우리만의 공간으로 역사를 만들어 왔습니다.

'꽃재'라는 말이 정말 문학적이지 않은가요? 경산시 하양읍 서사리에 적을 둔 궁전 같은 우리들 꽃재는 모임과 문학행사의 거점이 되어 우리를 포근하게 감싸줬습니다. 주인 정재영 시인의 배려로 만만하게 드나들 던 우리는 전시나 화합의 공간으로 손색이 없는 꽃재를 이용하면서부터 많은 이야기를 쌓아왔습니다. 대경이 '시바다'를 만들고 꽃재 사람들을 창간 제호로 삼는 것은 그만한 애착이 있음을 회원 모두가 공감하기 때문입니다.

그저 만남을 사랑하고 만남에서 사람의 향기를 나눌 수 있었던 '시바다' 회원들이 그 아름다운 마음을 함께 모아 '꽃재 사람들, 이라는 종이책을 낸다는 것은 책이 가지는 가치보다는 이 책에 이름을 올려 대경의 식구라는 가족력에 일원으로 등재됨이 더욱 기쁨이리라 생각합니다.

자본이 물질을 쫓고 정신이 물질의 시녀화로 전락하는 이 각박함 속에서 우리가 지켜야 할 인간성과 서정성이 한 권의 책으로 출간되어 시간의 벽을 허물고 앞으로 나아가는 우리만의 해법이 된다면 우리의 결집은 더 큰 울림으로 세상을 정제하는 처방전이 될 것으로 믿습니다. '시바다, 꽃재 사람들'의 창간을 부족한 회장의 소회所懷로 가늠합니다. 책이 출간될 날이 기다려집니다.

시마을 대경지회장. 박용

차례

박용

현대시문학 등단 2003
시마을 문학동인 및 대경지회장
동국대학교육원 Artmaster class 교수
한국수채화협회부이사장
미술문화 ARTPY CENTER 운영

이팝나무 꽃

아버지의 어깨가 얇아지고
앞산의 뿌리만큼 깊어지는 가난
미루나무 그림자도 허기지는 해거름
청보리 나부대는 서낭당 고갯길에
칡뿌리 캐 오시는 울 아부지
지게목이 무겁다

장여 쌀에 봄은 늘 빈혈이 들고
지푸라기처럼 말라가는 새끼들은
애기똥풀보다 짙노란 보릿고개
아버지 가슴에는 늘 황사가 끼었다

풀뿌리 멀대죽에 배 구레만 늘어가는
거미 같은 자식들에게 천수답 자박비 채우듯
하얀 쌀밥 먹이고 싶은 울 아부지
풋보리 깎아 끼니 잇는 울 엄마 절구질도
빈혈기가 역력하다

도시락 없는 점심시간 물배 채우고
이팝나무 허리춤에 매미처럼 달라붙어
하얀 쌀밥 그리던 내 유년의 보릿고개
세월 곪 삭도록 이팝 피워내는 그 자리
고슬고슬 이밥으로 허기 채워주는
향교산 이팝나무

나는 떠나 있어도 추억의 배를 불린다.

만추(晩秋)

수맥이 멎고
나무들 가던 걸음 멈춘다.
노란 빈혈의 은행나무
클립에 장전된 알약들을 쏘아 댄다
만 장대 펄럭이는 숲
새들 조곡이 하늘길 열고
술렁이던 구름이
손을 마주 잡는다.
빈 들판을 달려가는
저 울음 같은 햇살
저무는 인연에 죽비를 든다.

안 크란 고별에 주름지는 산맥들
문득 당신의 안부가 그립고
발설되지 않은 당신의 편지가 그립다.

호박벌 한 마리
철 늦은 꽃술에 몸을 섞는다.
꽃의 자궁은 아늑하다
향기만은 아직
여름이다

가자미

태어나서 바닥에 등 한번 붙여본 일 있는가
앙칼진 물살 거슬러 올라본 일 또 있는가
허구한 날 빈둥대며 눈알만 굴려도 먹고
살았으니
세상인심 네게만 후했구나
갈지자나 비틀걸음도 없이
가장 낮은 자만 볼 수 있는
용왕님의 배꼽이나 들여다보며
하늘이 주는 은총을 등에 받았으니
등 굽을 일 없는 너의 노년이 부럽다

배 붙이고 하늘天이요
가슴으로 따地 하면
우주공간에 네 집만큼 큰 집도 없고
땅값 펄쩍펄쩍 뛰는 세상에 살면서도
무주택 서러움 한번 받지 않은 너는
목탁 구멍 속처럼 시끄러운 세상
나무 관세음보살(南無觀世音菩薩)
장군 멍군이 판세를 뒤집는
고약한 세상인심에 휩쓸려본 일도 없이
오늘도 잠망경 뚜껑에 이끼를 털어 내며
가장 넓고 높게 포커스를 죄여보는 너는
용왕국의 초병哨兵인 너는
가자미

꽃 앞에서

1
꽃은 꽃으로서의 품성을 다하기 위해 제 살을 부풀려 지맥支脈을 열고 경이로운 세상과 대면한다. 꽃이 되기 위해 삼백예순날을 비바람 혹한을 견디며 꽃으로서의 야망을 축적할 때 열매의 기원은 시작되고 개화를 거쳐 종의 번식은 이어진다. 꽃은 모든 순결함보다 으뜸이다. 땅으로부터 기억된 존재의 활착의지는 자연의 섭리로 그 맥을 이어가는 무구한 순수 그것이다. 그 누구에게 바쳐지기 위해 또는 자신의 진화를 돕기 위해 몸을 열어 생명의 신비를 학습할 때 세상은 피고 지는 생명으로 넘쳐남이다.

2
꽃이 없었다면 암수 사랑법도 없었을 것이다. 꽃으로 시작되는 존재의 순환현상은 끊임없이 확산하려는 종의 번식을 위해 꽃으로 위장하여 생명의 인자들을 증식시킨다. 종을 잇기 위한 수단으로 꽃에 그 임무를 주었다. 꽃은 끊임없는 유혹의 정령이며 끌어당김의 매혹으로 수컷들을 유인한다. 생래 본연의 세습과 홀림이 장치된 꽃의 음부 속으로 수없이 빨려드는 벌과 나비들은 종의 진화를 돕는 단순 노동에 일생을 바치는 미물이지만, 꽃에 꿀이 없었다면 과연 대가 없는 노동을 신선함이라 말할 수 있을 것인지? 세상을 펼쳐 나가는 본능에 활력을 불어넣기 위한 조물주의 지혜로운 책략이 그 속에 숨어 있지 않다면 말이다.

3
꽃은 품이 넉넉해서 모든 날것들을 공평하게 수용한다.
베풀고 나누면서 화합을 수행하는 소통의 홀림이다.
자기일 터의 노동 대가로 꿀을 준다. 미려한 삶을 꽃처럼
피워내는 사랑을 위해 자주 불꽃을 만드는 것도
꽃이라는속성의 숨겨진 욕망 때문이다.
꽃은 또 다른 뜨거움으로 전이 되어
더 큰 불꽃에 이르게 하는 것이 사랑인 것.
사랑에는 통과의례 같은 상호 교감이 있어야 한다.
그래서 사랑은 탄력을 도모하는 육례肉禮 치르기를 선호
한다.

4
살아있는 생명체들의 육례肉禮는 몸으로 맞닥뜨리는
존재의 자각현상이며 꽃으로 피어난 것들의 사명이다.
꽃이 꽃으로 피어날 때 세상은 풍요로워 져 아름다움에
머물지 않고 자기 분화의 끊임없는 방사를 위해 피고
또 피우는 것이다. 사람도 꽃의 속성과 별반 다를 게
없지 않은가? 꽃으로 피는 모든 아름다운 것들에게는
끈질긴 생명력과 멈추지 않는 자기확산의 의지가 있다.
그래서 종의 번식은 사랑보다 우선인 것이다.
세상화복의 원동력이 꽃으로 피어나 전승되는 이치를
꽃 앞에서 다시 한 번 생각해 본다. 피어나는 꽃들에게
축복이 있으라. 꽃을 꽃으로만 보지 않는 사려 깊은
인간들에게도 진화된 축복이 있으라.

등을 보이는 것들

등이 화려한 무당벌레는 등만 한 얼굴이 없어 등짝을 얼굴처럼 쓰고 있다.
무당벌레 그 작은 얼굴에도 세상을 보는 눈동자의 반짝임이 있다는 걸 본 사람 있는가? 등을 말아 올린 아름다운 곡선과 점박이 문양으로 존재를 풍미하며 몸을 떠받치는 미세 관절들이 푸른 잎맥의 경사를 타내 릴 때 위태로운 족적이 되지 않으려고 발톱 세우는 것을 본 사람 있는가? 무게를 지탱하는 무게의 계산법과 날개를 이용하는 지혜로움에 생각을 한 번쯤 나눠 줘본 일 있는가? 그저 등이 화려한 것만으로 무당을 연상했을 뿐, 그는 무당의 이름으로 그 어느 영혼을 욕되게 애절하게 접신치 못한 무당 문양의 벌레일 뿐이다.

그 어떤 위협으로부터 자신을 보호하는 고슴도치의 가시처럼 거북이의 야문 등껍질처럼 공격의 도구로 살상의 목적으로 휘둘러본 적 없지만 모든 적으로부터 목숨을 필사必死하는 생존의 마술사들이다.

등을 얼굴처럼 사용하는 인간이 있다면 그 나약함은 얼굴이 가진 당당함에 눈길의 매서움에 웃음의 신선함에 교감 되는 진실을 등의 위장술로 덮는 비겁함이다. 등은 보내는 자만이 볼 수 있는 가장 미더운 어깨이어야 한다.

하영순

경남 진주 출생
한국시사랑 문인협회 회원
시마을 회원
저서
돌아보면 모두가 그리움이다
그대 벗이 되어
동인지
시마을 가족 공저 연속 10회
이제는 흘리지 않아도 될 내 눈물
외 4편
경남 부산 동인지 바다의 샘 2편

새벽을 열면서

어둠이 가시지 전의 새벽
조용해서 좋다
고요가 찾아드는 가슴에 산소를 마시는 일
이 얼마나 감사 할 일인가

하루의 시작은 인시요
한 달의 시작은 초하루
일 년의 시작은 원단이라 했다

앞만 보고 머리 숙인 자벌레 같은
내 발자국
세모를 코앞에 두고 있다

생각에 생각
그 생각들이 낙엽처럼 쌓인 내 가슴
한해를 조용히 갈무리해본다.

내일을 바라볼 수 있는
오늘이 있다는 것
감사할 일이다
감사하는 마음으로 새벽을 열면서
마음 문도 같이 열어본다.

때로는

돌담 위에
호박잎이 떡잎으로 물들어 갈 무렵
나락 논에 나락 메뚜기
노릇노릇 익어 갈 때
풍년을 기다리며 즐겁던 날이 있었습니다.

미루나무 잎
반짝반짝
매미 소리 장단 맞춰 춤추던 고향 언덕
그날따라 달빛은 유난히 밝았습니다.

그 달빛 그대로 두고
떠나온 고향
나그네 길은 멀고 험했습니다.
고향의 달빛
지금도 밝고 아름답겠지요.

오늘따라 매미 소리가 왜 저토록 애잔한가요
그 짧은 생을 위에
땅속을 헤매야 했던 세월
저 울음소리
매미가 아니고는 누가 알겠습니까?

고향에 두고 온 달빛이 그리워
잔 가슴 태워
매미처럼 목청껏 울고 싶은 날이 있습니다.
때로는!

가 을 비

추적추적
여름내 그렇게 기다리던 비가 내린다.
앞뒤로
활짝 열어 놓았던 창문을 닫으며
마음 한구석에 나이테를 그린다.

얼마나 다행인가
해마다 찾아오던 불청객
태풍 도라지도 대한의 기에 밀려
비껴가고

들녘은 온통
울긋불긋
사랑으로 영글어간다.

시원한 바람이 불면
날 것만 같은 마음은 가을비에 젖어
몸과 마음이 무거워지는 까닭은 왤까
괜스레
내 눈은 먼 산을 향하고 있다
저 구름은 누가 불러 어디로 가는 것일까

내 발은 문지방에 묶여
한 발도 내딛지 못하고
마음만 추적추적 가을비를 맞는다.

복수초

더러는 어려운 일을 처했을 때
난처함을 말해
운명의 장난이라 말한다.

운명의 장난에
끌려가지 말고
운명을 조종하는 조종사가 되어
마음대로 요리하고 싶다

마음 기둥 세워
내 마음
운명에 매달리지 않으리라 다짐하면서
오늘을 걷는다.

눈 속에서
세상을 내다보는 노란 미소
복수초

김계반

대구 출생
시집 <대숲에 들면>

발자국 편지

길을 모르도록 눈이 내리고
마당 응달진 곳에 쌓인 눈
오랫동안 그대로였다

바닥이 보이기 시작한 건
발자국이 찍힌데 부터였다
처음 한 줄은 고양이가
조신(操身)이라고, 낙관을 또각또각 찍었고
그다음은 발발이가
무망 간에 미안타고 난감함을 흘려 썼고
좀체 무게를 내려놓지 않는 산새도
가벼운 소식 몇 자 십자수처럼 놓고 갔다

다문다문 꽃부리 서체로, 이웃이
말 걸고 간 자리
마당 귓불 언뜻언뜻 봄이 돋고 있었다

보름을 그리는 운지법(運指法)

지난가을 우리 동네서 배추농사 제일 잘 지은
범실양반, 씨 뿌릴 때 알아보았지
거북 등 같은 손아래 삽을 눕히는 흙이 분결같더라고

너에게로 가는 길은 관심이었더라
관심을 보내기 좋게 골을 타
너와 나 사이 짜그락거릴 돌을 집어내고
기웃거리며 담을 넘볼 잡초를 뽑아내고
새집 들이고 새 이브자리 펴듯 북을 돋우는데
까꾸리 같이 불거진 손가락이
굼실굼실 흙의 공명통에서 운율을 긁어내기를
봄바람이 이는 듯
나비가 날갯짓하는 듯
진양 조로 자진모리로 농현(弄絃)으로 넘실거리더라

떠나지 않는 관심으로 넉넉한 일가를 이루었으니

아침저녁 파릇파릇 웃는
범실 댁, 방방한 치마폭에서 나온 딱부리 아들들만 보아
도 그러하더라고

연금술사

내가
낡은 스웨터를 풀어
모자를 짜고 양말을 짜고
머플러를 짤 동안

사막이
방울뱀을 풀어
아주 특별한 한 송이 장미와
아주 특별한 한 마리의 양을 위하여
아주 많은 별을 떠나
아주 작은 별로 돌아가려는
어린왕자의 외투를 찾는 동안

뒤뜰 은행나무는
청동 비늘을 풀어
흐아, 황금연못을 만들어놓았네

버린 것들에 대하여

살아오면서 많은 것들을 버렸다
취한 것이 많은 만큼 버린 것도 많았는데
내가 버렸다고 생각한 것들에게서
실은 내가 버림받은 것인 줄을 미처 몰랐다

헌 냄비를 찾는데 없다
찻잎 태우겠다고 비린내를 없애야 하는데
버린 지 이미 오래인 찾아도 곁에 없는 것들이
갑자기 그립다

낡았다고 버리고 망가졌다고 버리고
쓰임이 다했다 버리고 귀찮다 하여 버리고
떠나가면서 더러는 돌아보기도 하면서 떠난 것들이
그 순간 나를 버렸음을 지금 알겠다

내가 함부로 버린 것들은 그냥 나를 버린 게 아니었다
그림자를 어둠 속으로 슬쩍 집어넣듯
남긴 것이 있었으니
체취 같기도 하고 지문 같기도 한 그 무엇 이었다

需炫 허정자

경북 영일 출생
한맥문학 신인상등단
한국문인협회 회원
대구 기독교문학
반짇고리 문학 사무국
국제 펜 대구지부 사무차장
경산문인협회 이사

2 월

봄 온다. 알리는
붉은 입술 동백아
하얀 고깔 쓰고 웃는
너의 알싸한 정체는
아직도
모르긴 하지만
나도야 너처럼
한 번 활짝 웃어나 볼까
아무도 모르게

원추리 꽃

산모퉁이 돌다 보면
멀거니 긴 목줄 내밀고 누굴 기다리는 듯
확성기 높이 들고 하소연이라도 하듯
망부석의 흰옷 입은 아낙은 아닌데
어쩐지 눈물 자국이 감색 저고리에 얼룩질 것 같은
쓸쓸함이 눈길을 잡더라

무슨 사연이라도 묻기 전에 고개 젓고 있으니
다가갈 수도 없고
지나쳐 왔지만 여름 내내 산기슭 그곳에
자리 떠나지 않을 심사
一片丹心 기다릴 약속 있나 싶어
그냥 돌아오는 길 一心 뒤돌아보고 또 본다

꽈리

나 어릴 적 집 뒤안 장독대에
어머님이 심으신 꽈리가 생각난다
지금쯤 익어서
빨간 주홍 푸른 등 달고
대롱대롱 달려있을 꽈리

그 속에
잘디잔 많은 씨알처럼
가슴 속 가득 찬 인생이야기
뽀드득뽀드득
가을바람에 실어
어머님께 전해보고 싶다

어머님도
세월이 이렇게 이렇게
흘러가던가요 하고…

고맙고 고마베라

왁자지껄 정신없이
해먹이다 돌아보니 모두 떠나고
혼자 남았네

보따리 보따리
물샐까 다시 보고 또 동여매
빠트리고 가는 것 없나 살피며
새끼들 손잡고 알뜰히 챙겨
잘 도 떠나가네

암 그래야지 하면서도
빠트리고 가는 건 어미인지 모르고
당연한 척 버려두고 그냥 가네

손 흔들며
몸 건강히 잘 계시라고 하면서도
옆에 있는 각시만 쳐다보고 웃는
저 팔불출

외로움이 산더미 같다 할지라도
돌돌 뭉쳐 깔깔대며 가는 모습
고맙고 고마베라

최태준

1942년 경주출생
1965년 제1회 개인시화전
경북공보관 화랑
1964년 경상북도 향토문학회회원
계간 스토리문학 시 부문 시인상
대구문인협회 특별위원
21세기 생활문인협회 고문.
현:한국스토리 문인협회 회원
현:죽영문학회 회장
현:한국사진작가협회 회원
현:한국서예.미술진흥협회 회원
시집 바람도 그늘이 있다 외 3집
한국현대시 100년사 기념시집
동인지 다수
현:경북대학교 총동창회 이사
메일 : choitj42@hanmail.net

모과꽃

소년은 기다렸다.
하마나 하마나 하면서
기다리던 그 날
곱게 화장한 소녀가
창문을 삐거덕 열고 있다.
봄볕 내리는 오전
나비와 벌이
노래하고 춤추는 4월은
숲 속에서 만나는 연인마다
성숙한 모습으로
꽃의 언어를 읽을 때까지
시간 가는 줄 모르던
그대 화사한 모습으로
닮아가려는
순진한 소녀들은
봄의 왈츠를 연주하는
분홍빛 연인인가.

늦은 밤 지하철을 타고

술 한잔 하고
지하철역으로 갔다.
은빛 흐르는 곳
하얀 여인이 어둠을 닦고 있었다.
삶이란 참으로 얄궂다.
누구는 집으로 가고
누구는 밤늦도록 일해야 하는 삶이 깊다

건너편 상행선
한 여인이 전화한다.
궁금할 것도 없는데
시선이 가는 것은 텅 비었기 때문이다
바쁜 발걸음이 다가온다.
혼자였는데 함께 갈 길동무가 생겨서 좋다.

하행선 열차가
슬며시 바람을 타고 온다.
분답울 것도 없이
어느새 객차에 들어서면
몇몇 승객이 졸고
중년의 신사만 석간신문을 보고 있었다.

그대 아리아는

강가에 바람이 일더니
치마를 널어놓은 오후의 설중매
부끄러움에 젖는 순결까지
속도 없이 숨겨놓은 꽃의 언어들
찾아오는 그대의 발걸음에
화선지 가득 녹아들 때마다
속삭이듯 봄을 그리는 풍경 속에서
뚝뚝 떨어지는 수채화 물감은
초록 그리움이 젖어들 때까지
그대의 잔잔한 아리아는
내 마음에 풍금입니다.

그대가 부용교를 건너면

봄빛 내리는
호숫가에 서면, 숲은
나날이 초록 옷 갈아입는
소리가 들린다.
회색 하늘이 열리던 날
봄빛 물드는 4월은
호수를 간질여 출렁일 때
나목은 눈 비비고 일어나고
봄을 찾아나온 천사는
날개옷 널어놓은
부용정 창가에 앉으면
그대 불러주는 꽃 노래가
봄바람을 타고 번지는
향기입니다.

손성태

1956년 경북 의성 출생
경북대학교 사범대학 졸업
2013년 제 16회 공무원문예대전
최우수 금상(국무총리상) 수상
한국문인협회 회원
시마을 숲동인

도깨비바늘

네게 줄 것이라곤 아무것도 없다

돌무더기의 틈새라도 비집고 살아온 나날
청석에 혀 내밀어 애써 틔운 꽃향기
지독하다, 농익은 천릿길
파장의 겨울 길목이 확확 타는 독주 한 잔
허방 짚어 휘청거리고, 갈지자로 걷는 노랑나비

노랑물 들였나 샛노란 꽃잎
바람 불어도 날지 않고
비 퍼부어도 떨어지지 않는 말라깽이
살구, 박주가리, 민들레 홑씨의 생존법은 사치
스스로 뿔을 갈아 독이 오른 바늘, 검다

스치는 건 무엇이든 턱, 물고 늘어져
멀리 아주 멀리 떨어져 가는
얻는 것이라곤 '도깨비'라는 진절머리
낭떠러지로 떨쳐지면 지는 대로
가끔은 나 모르는 너를 찔러
모래밭에 내린다

불모지는 나의 땅
노랗게 물들이다가 흔들리다가 말라버리는
검은 줄기 위에서 아직도 꿈꾸고 있는
저 지독한 드라이플라워

물의 연가

나는 물, 당신은 꽃
어둠을 날아 당신께로 갑니다
당신이 물일 때 내가 꽃이었듯

당신이 내 속에 들어와 노란 꽃잎을 펼치듯
내 오랜 그리움은
초신성超新星처럼 부서져
여러 하늘을 떠돌며 삭히다가
이제 막, 당신 눈가에 맺히는 이슬입니다

각시붓꽃의 눈흘김을 스치기도 했고
어린왕자의 장미꽃을 훔쳐도 보았습니다
당신이 백만 광년 전, 백만 광년 동안 헤맸듯
비로소 만난 당신,

보셔요
눈썹달 같은 속눈썹 아래 오뚝한 콧날
양볼로 흘러 붉게 피어나고
검푸른 잎들이 밀어 올린 공명共鳴
입안 가득 맴돌다가
향긋한 메아리로 퍼져 나가고
오롯한 줄기 하나로 대지를 움켜쥔
텅 빈 고독
이제야 당신께로 흘러, 영글게 박힙니다

태양 저편을 바라본
당신의 검은 눈동자에 찾아든

백만 광년의 사랑, 초신성처럼 폭발하면
당신은 물, 나는 꽃

별들의 사랑, 별 하나의 사랑

달이 별인 줄은 미처 생각지 못했단다
달 뜨듯이 서편에서 뜨는 지구가
초록별인 줄은 더더욱 몰랐단다 친구야
우린 그 무엇인가에 갇혀있어서
별들이 밤에만 뜨는 줄 알았지
달이 지구에서 떨어져 나간 줄만 알았지 달별이
초록별에 다가간 줄은 몰랐단다
다가가면 뭘 해, 손도 못 잡고 그저, 출렁이며
빙글빙글 비추기만 한 여러 해
해가 왜 그렇게 빛나는지 넌 아니?
빛난다는 것은 말하자면 글썽이는 눈물
깜박일 때마다 반짝이는 촛불이 진달래 꽃물일지 모른다
는 생각은 안드로메다의 산모롱이에 뜨는 저녁별이 해일
지도 모른다는 희끗희끗한 생각이 들었기 때문이야
글썽일 때마다 안드로메다은하 둑 위에 해바라기가 피어
났겠고 달별이 마르고 말라 초승달이 되는 것은
달맞이꽃 때문이라는 생각이 내 머리에 슬쩍슬쩍 스치는데
친구야, 우린 어느 별의 눈물로 피어나 서로를 비추는지
매화나무는 어젯밤에 별 폭탄을 맞았는지 한꺼번에
터지고 뒤질세라 산 속에서는 벚나무만 맞았나봐
매화별 하나의 사랑이 눈물로 피고
산 벚꽃별 하나의 사랑이 눈물로 피고
할미꽃별 하나의 사랑이 눈물로 피고
제비꽃별 하나의 사랑이 눈물로 피어나
안드로메다성운이 환해지는 봄
친구야, 멀고 먼 내 속에 피는 연분홍 진달래꽃, 하나를
보낸다

덤

날이 도마 위에 스윽 미끄러지면 식칼을 갈 때다

칼을 갈 때에는 어깨에 힘을 빼고 양다리에 힘을 줄 것
칼을 누이고 밀고 당기면서 열을 세면
숫돌과 섞이면서 거친 숨을 토해내는데
백 번을 무심히 셀쯤이면
나는 날이 되고 숫돌은 은반이 되어 쓱싹쓱싹
송골송골 한 춤사위에 번득이는 날

잘 벼린 식칼로 만드는 요리는 절로 즐겁다
송송송 썬 파, 양파, 무, 목살
파는 무의 빈방에서 시원하게 숙성되고
톡, 쏘는 양파는 목살을 사이사이 끼워 잡내를
잠재운다
주체할 수 없는 손보다 큰 주걱
으로 지글지글 볶다가 하나, 둘, 셋
트리플 점프를 연출하면
갈채 터지듯 감칠맛이 주방 안에 감돈다

어느새, 병든 이 몸 끙, 일으켜 세우는 아침
산길에 편편이 갈다 보면 날이 서고
산등성이를 타고 오는 산들바람이 등을 적시면

다시 하루의 시작이다
매끈하여 미끄러지지 않는 날을 날마다 갈아
허기진 손님에게 드리면서 얻는
덤

선유도에서

해변은 검어있었다
점점이 떠있는 바위섬도 파편인양 그을려 있었고
봉긋이 솟은 봉우리만이 불그레한 선유도
선인선녀仙人仙女의 옷자락 끄는 소리가
사그락사그락 남아있는 해수욕장
돌아가지 못한 장자도와 무녀도가
마주 보고 있었다
나는 섬의 끝, 부둣가 계단에 앉아
바닷길을 여는 등대를 보고
파도에 파닥이는 햇빛이 여는 하늘길을 보고
수미산 자락의 검은 낭떠러지가 여기
검어서 맑은 해변과 같다고 여기고
장자와 무녀의 사랑이 고도孤島에 있음을
잠시나마 부러워했다
빌린 자전거를 버려도 죄가 되지 않는 곳
취한 농담에 도리어 해풍이 취하는 곳
저려오는 이름을 목청껏 부르는 곳
헤어져도 헤어짐이 아닌 곳
계단을 내려와
돌아갈 곳이 있는 우리
바닷길을 여는 등대가 미운 오늘
따라 오는 바람도 잠잠하다

윤정강

1943년 경남 밀양 출생
2002년 문예사조 등단
2001년 대구시 주부백일장 차하
시집출간/
2002년 6월 남겨진시간을위하여
2007년 3월 바람이 그리움이던 날

진달래꽃

산하에 기쁨 주는 아름다운 꽃
봄의 빛깔 품으며
꽃동산 이루어 수줍은 꽃
인적 드문 산등성에 외로운 듯
임 기다리는
고운 자태 비할 바 없는데
다투어 피어도
진달래꽃 나눔의 사랑
언덕 외진 곳
무리 지어 피어있는 진달래
꽃 무리 고와 자지러지고
발길마다 기쁨이 있네

진달래꽃
마음마다
사랑 넘치고
행복 찾아드네

동백꽃 지면

눈 쌓여 언 땅 위 떨며
우수경칩 마중하던 동백
꽃잎 뚝뚝 떨어지며 서러운데
모진 바람에 뛰어내리던 너,

바다 건너던 봄 노란 꽃술 안고
엄동설한 쇠한 가슴 기다림의 눈물
붉은 꽃물로 뜨거운데
꽃이 진다 해도 내 품안에 너 살아있느니

떠나더니 돌아올 줄 모르는 한맺힌 꽃
너 잃은 후 짧은 청춘
봄비에 부르르 떨며 꽃잎 진다.
꽃이 피듯, 꽃이 진다.

가을에

가을 억새 하얀 물결이 춤춘다
둥글둥글 박꽃처럼 맑게 찾아오는 산과 들
곱살스러운 입술 요염하게
첫 친정 가는 새댁처럼 곱게 차려입었다
풍요로운 가을
벼꽃 여무는 내음 덩달아
가을 강 껴안고 누워있는 노을빛
갈대 무리 하얀 머리 흔들며
풍성한 결실의 들녘 반가운 포옹을 한다

풍년을 다지며 쌓은 볏단에
가을이 익어
박꽃 하얗게 유혹하던 길
지붕 위에 올라앉은 금빛 석양
첫 친정 가던 그 옛일
어머니 향기 베여오는 찬란한 이 가을
그리운 사람 그립다

가을바람의 자유

그리움으로 몸부림하는 가을
흰 구름 등에 태우고
가르마 같은 길
흙냄새 퍼마시며 흐르는
가을바람의 자유

고독과 그리움이 몸을 포개던 밤
보름달이 창문 열고 들어와
스르륵 옷 벗는 빛의 유혹

별들이 수군거리며 뒤척이는
향기로운 숨결
밤 이슬 마시며
사랑에 취하는 그리움 있었네

구름 있는 곳에도 꽃이 피는 산등성이에도
정해지지 않은 곳으로
훨훨 날아다니며 뒤척이는 가을
바람의 자유가 그리운 것이다.

조열제

경상대학교 수학교육과 교수
2013년 경상남도 과학기술대상 수상
2013년 지식창조대상 수상
2010년 계간지 "시의 나라" 신인상
2007년 대한수학회 최우수논문상
2005년 대한수학회 교육상 수상

따뜻한 동그라미 속

같은 둘레의 길이를 갖는
도형 중에서
넓이가 최대인 것도 원,

같은 넓이를 가지는
도형 중에서
둘레가 최소인 것도 원이다.

원과 등주문제,
원과 등적문제,

진리!

동그라미 속에 갇혀서
변하지 않는 진리를 찾는
그 즐거움,

쉬워도 즐겁고,
어려워서 더 즐거운 것이
數자와 學자이다.

마음놓고 불법행위 하는 곳

고속도로 휴게소에서
흔히 보는 플랜카드 문구다.

여기서 불법 상행위를 하는 자는
고발조치 당합니다.

어느 짓궂은 놈이 그랬는지
'상'자를 '성'자로 바뀐
이 플랜카드는
보란 듯 바람에 나풀거리고 있다.

점 하나에
울고 웃는 많은 사람들이
어디 여기뿐이겠는가.

붉은 동백꽃 사연

내 삶의 과정은 날마다
새로운 것을 창조하는 것이다.

일 속에 숨어있는 성취감과 행복
그 무엇과도 바꿀 수 없어
나의 길을 운명처럼 걸어가고 있다.

이 길을 걷지 않았다면
지금쯤 어떤 길을 걷고 있었을까?
생각하면 아찔해진다.

그대여,
굶주림과 혹한의 전쟁터에서
부하들과 함께 장렬하게 전사한
장군을 기억하는가!

수학

그놈이
눈물 흘리게 해놓고

그놈이
또
눈물을 닦아 주네.

너는 바람
나는 갈대

희비쌍곡선 따라 춤추는
이 세상에서

우린 언제까지
이렇게 긴
짝사랑만 할 건가.

김정숙

한국 문인협회 회원
국제펜클럽 대구위원회 회원
여성문인협회 회원
반짇고리 회원
한맥문학 동인회 이사
가톨릭문협 간사
2009년 5월 시집 [여로의 물빛]
이메일 s95968380@hanmail.net

봄이 오는 길목

꿈에 그린 고향 마을 찾아
밭머리에 호박씨 심고
텃밭에 나가 냉이 캐어
콩가루 다박다박 무쳐 국 끓이고
남편과 겸상을 하여 맛나게 먹음
그것이 진수성찬이려니

고향 들녘에 떨어지는 햇살 주워
온 산등성이에 연둣빛 빛어 펼쳐놓고
진달래 꺾어 항아리 가득 술 담아
주거니 받거니 하면
그것이 사는 맛이려니

꿈에 그리던 고향 마을
눈 감으면 지척에 있으나
눈 뜨면 간 곳 없어도
그때 그 고향은 어디로 갔는지
묻지 않아도 될 터

일몰

청솔가지 비집고
요염하게 걸터앉아

붉은 입술 쪽 내밀어
자지러지도록
끌어당겨
숨결은 헉헉거린다

겹겹이 쌓아놓은
내 안의 반란을 진압 못하고
울컥이는데

붉은 핏빛은
가슴 언저리까지
톡 튕겨

혼절시키려 하고 있다

새봄으로 가는 길

해맑은 꽃잎
영롱한 빛이 감돈다.

살큼 언 땅
뾰족거리며
낮은 자세로 앉아
흠모의 눈길 기다리다

무심히 지나 가버린 그림자 쫓아
못다 피운 꽃잎 하나
떨어뜨린다.

모진 비바람에 담금질하며
쏘옥 내뱉듯 솟아나
붉은 가슴 접고
시들어가는 꽃망울
멀거니 석양빛 그림자에 실어 보낸다.

무상

바람이
이끌고 갔구나.
갈 곳 몰라 부지런히 달렸건만
뉘가 반겼는지
여기까지 달려왔구나.

도도히 흐르는 강물도 구름도
인생을 안고 굽이굽이 흘러내리면서
헤매었구나.
덧없는 세월만 탓하고
목놓아 울었구나.

절개 굳은 신념
세월 앞에 무너지고
세월 뒤뜰에
서럽게 우짖는 소리
누가 마음 아파하며 듣는다고
하소연인지

향일화

제14회 다산문화제 최우수상
제 16회 경기 여성 기.예 경진대회 우수상
제 7회 경기 노동문화예술제 은상
등단- 시와표현
시집-우체통의 눈물
시마을 낭송협회 회장 역임
한국문인협회경산지부 사무국장

고추잠자리

이파리는 잠자리를
잠자리는 이파리를 부여잡고
젖은 몸 말리며
붉게 번진 서로의 상처를 핥아주고 있다
힘겹게 벗긴, 어제의 허물은 자유라고
꼿꼿하게 펼친 양쪽 날개는 열망이라고
손금 같은 잎맥을
슬쩍 부는 바람에 감춘다

아픈 기억들, 햇살에 뽀송뽀송해지면
바람의 계단을 밟고 비상(飛上)하겠지
몇 겹을 벗어 던진 내 마음이
점점 타들어 가는 계절에
머뭇거림 없이, 앉고 싶은 곳을 향해
잠자리처럼 달아나고 싶은 가을이다

빨래를 널며

몸을 벗어나면
내 것이 아닌 저 허물
붙들지 않으면 달아나고 싶은 것이
어찌 빨래뿐이랴

삶이 늘 상처이듯
물의 헹굼만으로는 아쉬웠던
강한 저 펄럭임이
슬픔인 걸, 난 안다

바람의 설교를 들으며
아멘 아멘으로
반성하는 저 허물에
살갑게 다독여 주는
가을 햇살이 정겹다

벌의 연애론

한 무리의 벌떼가 분가했는지
밀랍으로 만든 육각형의 제국이
2층 건물 외벽에서 단단히 부풀고 있다

첫정의 품으로 돌아와 알을 낳는 연어처럼
화르르 산화한 편린이 꿀이 되어 고인다

해가 하늘에 둘이 떠 있어도
절대로 녹지 않을 육각형의 침실에는
일벌은 일벌대로, 수벌은 수벌대로, 군벌은 군벌대로
만개한, 꿀이 흐르는 시내를 윙윙 날며
성공적인 왕국을 이루기 위해
여왕벌은 쉴 새 없이 알을 낳으며
오직 관심은 사랑뿐이니
걱정하지 마세요 당신,

분가한 해가 일식으로 합쳐지며
어제의 해 그림자
조각조각 부서지며 꽃비로 내리고
문밖 장대비를, 한가한 벌들이 바라볼 때도
자연이 이끄는 제국에는
산란율이 떨어지지 않으니
조바심내지 마세요, 당신

에콰도르

雪線의 흰 모자를 쓰고 아래를 내려다보는 침보라소, 호흡이 탁해진 지구의 중심에선 가장 멀지만, 태양은 이곳을 먼저 바라본다. 물방울 하나가 자전하면서 얇게 부푼 그곳은 어머니 뱃가죽처럼 따뜻해 물렁물렁하게 퍼트린 생명도 야무지게 자라는 곳, 색의 본적인 희디 흰 햇빛이 투명하게 닿는 자장의 쏠림이 없는 해방구 에콰도르, 붉은 눈물방울을 떨어뜨린 우주의 모습 그대로 최초의 인간이 흑과 백으로 합쳐진 무게이다. 빰 붉은 꽃들만 찔러보는 벌새들에게도 천국같은 곳, 만년설이 녹았다가 얼기를 반복하고 갈라파고스펭귄이 희다가 검다가 하면서 바다를 노니는데,그곳에서 구릿빛 피부를 가진 원주민 여자가 되어 열흘만 지내고 싶다. 눈물쯤은 공중에 매달아도 좋을 에덴에서 사랑에 열중하며 얼었던 몸을 녹일 수 있게

賢松 장현수

월간 시사문단 신인상 수상
한국 문인협회 회원
빈여백 동인
동인지 빈여백 봄의 손짓
영주문학 수필 사랑 하나 그리움 둘
세실 가요 사랑
작사/사랑아 사랑아 정말 괜찮은 가요
지독한 사랑
http://cafc.daum.net/qhrtn7437
http://qhrtn7437.kll.co.kr
qhrtn7437@daum.net

사랑

바람결에 스친 사랑 노래는
그대 그리움에 붙여
떠났습니다

떠나고 남는 것도
마음일 것이고
붙이지 못하는 그리움도
사랑일 겁니다

대답을 듣기 위해 붙인 노래가
아니기에
언제까지나 혼자여도
좋은 사랑입니다.

약속

남겨놓은 기억의 언저리
어디쯤에서
풀잎의 이슬처럼 맺혔다
지기를 반복하며
세월과 약속은 그렇게 서 있는데
못다 한 말의 통곡은
허망한 눈물 목련꽃 아픔처럼 피고 지고
외로운 이름하나
약속처럼 가슴에 품었다
바람처럼 흩어지는 민들레 꽃잎인 줄 모르고
가슴 깊은 언저리
잊혀야 할 약속인 줄 꿈인양하여

바람이 전하는 말

울지 못하는 소쩍새는
오늘도 떠난 님이 그리워
목을 놓았지만, 소리가 되지 못하듯
언어가 되지 못하는 글 부여잡고
밤을 새운들
바람이 전해주려는가

무엇을 쓰고 지워도
결코 말이 되지 않아
물 위에 기름처럼 겉돈
슬픈 언어는
하얀 백지 위 얼룩으로 남는다

쿨럭 기침 소리
담배 그만 피우지 소리만 귓가에
들리고 아련한 언어의 소리는
바람의 속살을 붙잡고
흘린 눈물이 선혈처럼 떨어진다

이름을 잊어버린 여자

여문 바람이 창틈으로
삐죽이 고개를 디밀며 친구하자는 날
김이 피어오르는 커피 한잔을
불쑥 내밀며 이름 없는 여자가
나, 사랑해요?
뭐? 멋쩍은 웃음으로 잘못 들은 척한다
다시 닫힌 문을 바라보며
습관처럼 담배를 문다

정말 내가 잘못 들었나?

함께 산 지 20년이 넘은 여자
나도 누구도 이름을 기억하지 못하는 여자
어이! 당신 이름이 뭐지?
심지어 친정엄마까지 누구 엄마야 하고
불리는 여자

우리 가족이라는 단어로
우스갯소리처럼 가족끼리는 이러는 게 아니야
하는 드라마 대사
개그 소재가 아니라
그렇게 살아온 여자
어디서 어떻게 만났는지도
기억 속에 자꾸만 멀어지는 세월에
한 번도 묻지 않았던 사랑해요. 라는 단어
돌아온 대답은 뭐? 하는 못 들었다는 소리

이 여자
슬며시 잠든 틈에 바라본 얼굴에
잊고 살았던 세월이 그대로 스며 있음을 오늘에야
알았다. 또 담배를 피워야 하나
뜬 달이 슬픈 창가에 연기가 피어오른다.

무수히 많은 밤에
그리움을 쓰고, 사랑을 적었지만
한 번도 입 밖으로 내지 않은 사랑해를
이 여자는 결코 자기 것이 아니라
생각할 것이고
어쩌면 죽을 때까지 듣지 못하는 말일 수도 있을 것
같다

오래도록 잊었던 이름
한 번도 듣지 못할지 모르는 사랑해를
이 사람도 듣고 싶어 하는 여자인가 봅니다
우린 어쩌면
허망의 사랑과 그리움을 쓰고 지우며
한 세상을 그냥 그렇게
살다 가는 것인가 봅니다.

한 해 끝자리에 서서

창가에 걸린 그리움 따라
하얀 사랑의 그림자 빛을 향해
서 있습니다
무엇이 먼저였고 무엇이 나중이었던
지나는 발길에
내려놓았던 사랑 추억
수많은 기억 잊었던 한 그리움으로
아픈 기억 속 추억이란 이름으로
저장되어 갑니다.

지나는 발길에 걸린 수많은
우연과 인연들 속에
어느 하늘 어느 곳에서라도
나로 인해 단 한 순간이라도
행복할 수 있으면 하는 소망의 페이지로
가슴 깊이 접어
담아둘 수 있는 나날이었는지
돌아보고 또 돌아봅니다.

내 삶에 걸렸던 떨쳐낼 수 없는
아픈 기억의 한해가
지고 있습니다.
기억 할 것은 하고 지울 것은 지우는
날 속에 아쉬움의 끝에
매달린 한해 끝자리입니다.

강시일

경북 영덕 출생
현대시문학, 해동문학 등단
해동문학영포지회 회원

바람 부는 날

낙엽이 바람을 타고 있다
애당초
가족이라는 울타리에 갇혀
젖줄로 연명하다
가정이라는 담을 둘렀다

위태롭게 담장 위를 걷다
사랑타령에 삶은 파도처럼 흔들리고
직장 가시에 목구멍이 아프다

탈출하고픈 욕망이
나날이 팥죽을 끓인다
생이란 오랏줄에
목이 조이고 있다

대나무숲이 강남스타일 춤을 춘다
오늘, 바람이고 싶다

북부해수욕장 야경

하루치 태양이 몰락하면
검은 익명으로 위장한 바다 속
포스코 조명등 뒤집어진 세상이 춤을 춘다
더위에 지친 청춘들이
날치처럼 바다로 뛰어들고
혈기찬 별들도 바다에 발을 담근다
소리들이 무리지어 파도를 일으키고
한계령 조개구이 모닥불에 탁탁 침을 뱉으면
은빛 술잔 사랑노래 부르며
연거푸 고꾸라진다
결국 묵빛 아스팔트가 일어서고
달을 매단 가로등조차 휘청거리면
검은 바다 중심 잃고 울컥 서러움 토한다
수평선 빨갛게 찢어질 무렵
파도는 가까스로 집을 찾는다

이별 공식

그 뜨겁던 여름이 가고
오색 낙엽 손가락 벌려 작별 고하네
당신의 혀에서 비롯된
내 귀에 달디 단 내음을 전했던
기억에서 색 바래가는 언어들
하얀 눈 속에 포장된 채
어둔 굴 안에서 동면하고 있건만

봄이 오면
다시 황토색으로 일어나
부끄럽게 매화나 피워 올리려나
더 오래 기다렸다가
노랑 파랑으로 채색한 가면 쓰고
탈춤 추는 바람개비 되려나

한 울타리에서
단맛으로 영글던 포도송이
다른 날
또 다른 곳에서 각자 꽃 피우는 것

시간의 흔적

어제처럼
파도의 등을 타고 휘파람 소리로 다가와
댓잎 어깨를 밟고
나이테 같은 여운 남긴 채
지나간 시간처럼 바람이 떠나고

콩나물시루 속 걸러짐 없이 물이 흘러도
어깨너머 웃자라듯
시간은 어디로 간지 모르는데
낙엽이 지고
주름살은 세월의 그림자를 조각한다

가끔 침전된 욕망이 발효해 영상화되면
시간의 흔적이 역류하고
별 박힌 검은 시간 윤회를 꿈꾸면서
어머님 신경통같이
기억 마디마다 봉침을 맞는다

최찬용

1962년 고령출생
1996년 삶터문학 신인상
동인지 미래의 등선을 타고 등
시마을 숲동인
이메일 ccy5647@naver.com

산法

산에 들면
산으로 막혀 길을 잃을지라도
나를 잃는 법은 없다

산에 들면
오히려 길을 버리라는
山中 말씀이 있다

내 안에
골 깊은 산맥 하나 있음도
산에 들고서야 알았다

겉 절고 속절은 계절임에도
내 삶의 능선은 늘
푸른 신록이다

내면內面산 오르는 길

누구나 다
꾸는 꿈의 높이만큼 산을 하나씩 설정해
제 속에 들어 앉히고 산다

제각기 꾸는 꿈이 다른 만큼
산의 모양새마저 제각각인 내면內面산
어떤 누군가의 산은 높다란 봉우리로 설정해 놓았는가
하면
또 어떤 누군가의 산은 밋밋하고 야트막하게 설정해
놓기도 했다

한 발짝씩 들어 오를 때마다
그만큼씩 뒤로 물러앉는 산이 있기도 하고
그만큼씩 불쑥 다가와 앉는 산도 있기도 하다

미리 설정해 놓지도 않은
칡넝쿨과 가시덤불로 덥힌 가시밭길을 만날 때면
아예 꿈을 꾸지 말았으면 할 때도 있는 산

예행연습도 없이 오르는 산
밥을 든든히 챙겨 먹고 올라야 한다는 생각 따위는
까맣게 잊고 올라야 하는 산
평생을 두고 올라도 못 오를지도 모르는 산
막무가내로 오르면 높낮이가 무시로 변하는 산

험악하기로 유명하다는 소문은
내면에다 감추고 올라야지만 내면산인 줄 일깨우는 산

그런 줄 알면서도 산정에 들기 위해
우리는 매일매일 내면에 들어야 한다

탑돌이

화끈거렸다.
오늘 하루 탑을 도는 동안
숨을 제대로 크게 내쉬지 못 했다

화끈거린다는 건, 무엇이
가슴 저 밑바닥에서 층층 쌓였다
솟구쳐 오른다는 것

짧은 주변머리로 살아와
공들지 못한 지난 나날들
그것들이 속에 쌓여
무너뜨릴 수 없는 죄의 탑으로 높아갔다
무너지든지
한 백 년쯤 들여다봐도
들여다 보이지 않는 깊이로
푹 꺼져버리든지
훅하고 날아가 버리기를 바라며
애꿎은 바람이라도 다그쳐보게 하는
무한히 쌓여 올라간 죄의 탑

어쩌면 이 탑
철벅대고 화끈거릴지라도 돌아야 할
남은 생을 위한 마지막 기도처
지난 과오를 깨우치기 위한 기도 도량

화살나무

언제나 제 속을 향해
화살을 겨누고 사는 나무가 있네

짧거나 혹은 긴 묵상 중에 만난 화살나무
화살나무는 결코
시위를 늦추는 법이 없었네

목숨 붙어 땅 위로 솟은 모든 것들은 죄다
죄를 품고 살아가거나 죄를 꾀하며 살아가네

몸뚱이를 땅 위로 밀어 올리기 위해
막장 속을 헤맨 뿌리들의 노고를 외면한 죄와
어둠이 있어 밝음이 있다는 사실을 모르는 듯
어둡고 지리 했던 고난의 지난 삶을
기억에서 지워버린 죄

그러한 죄를 깨치기라도 하듯 화살나무는
느슨해지기 쉬운 시위를 팽팽히 당기며
여차하면 시위를 놓아버릴 일침의 자세로 살아가네

가끔 명치 끝이 아렸던 이유를
이제는 알 것도 같네

명상

가만히 들여다보면
흐르는 물소리 그 안에
만물萬物이 있고

가만히 귀를 기울여 보면
스쳐가는 바람소리 그 안에
만상萬象이 있다

뒤이어 가만히
내 안을 들여다보니
나도 모르는 고요함 속에
삼라森羅가 있네.

박미숙

문학세계 등단
<시마을> 동인
동인지 『시와 그리움이 있는 마을』 등

우리 다시 만나는 날에는

달그림자 비추이는 외나무다리에서
그대를 다시 만나면
비켜서지 않을래요
장승 되어 버릴래요
지난날 사랑에 무지로 그대 떠나보낸 후
그리움에 타들어 간 내 속을 보시어요
두 번은 못하여요
그 아픔 미리 알고는 못 보내요
나 어디서고 그대를 다시 만나면
비켜서지 않을래요
차라리 장승 되어 버릴래요
그런 후엔 그대
마음대로 하시어요

다리미질을 하다가

반복되는 마찰 속에 지친 사내 누워있다
고단한 삶으로 어깨가 무거웠으리
흉하게 찌그러진 흔적들 감추지 않고
모두 내어 놓은 것은
자꾸만 구겨지려는 습성을 바꾸어 달라는
무언의 당부
하얀 손길이 다가가
무겁지도 가볍지도 않은 무게로
자근히 눌러주면
저마다의 모습으로 누워버린
지난날의 길들어져 있는 속성들
조심스레 오므락오므락 피어오르다가
이내 허공으로 사라져가고
일상 속에서 이상을 꿈꾸던 사내
기지개를 켠다

잃어버린 계절

날카로운 바람에 가슴이 시리다
웅웅대는 나무는
앙상한 가지로 서럽다 하고
까르르
한 계절 살 맞대고 웃어제끼던 낙엽
거리를 뒹굴어대며 저들끼리도
이제는 몰라라 한다
계절이 갔다
세월이 가는데

너는,
낙엽을 잃었고
나는,
이 가을을 잃었다

그들만의 언어

오후가 따뜻하다
텃마루 길게 다리 펴고
누워버린 마당에
다정하게 내려앉은
참새 두 마리
그들만의 언어로
밀어를 속삭이다가
정겨운 사랑싸움에
투닥투닥
목청을 높여대며
짹,
짹,
평생을 한마디로 살아도
부족함이 없겠다
눈 부신 햇살 받으며
사랑해
짹
짹

江山 양태문

경북 경산군 남천면 신방리 터골 출생
2013년 문학광장 신인상 등단
문학광장 문인협회 회원
남성인쇄소 대표

모과

어쩌면 저리도 못생겼나
지나는 사람마다
던지는 말을 알아들을까마는
울퉁불퉁 모과가 아침 햇살에 빛난다

방이나 차 안에다
향기 좋다 놓아두고
콧물 목감기에 찾을 때는 언제인데
잘났니 못났니 입방아를 찧는다

과일 망신은
모과가 시킨다는 말이 있지만
노란 참외처럼 볼품없이 생겨서도
몸에는 그만인 모과가 좋더라

애호박

덥다 하나 매미도 울지 않는
철 지난 가을철에
귀뚜라미 소리 들으며
늦둥이 키워낸다

마지막 작품에 온 힘을 다하는지
곱게도 구운 선과 줄무늬
은은한 청자 빛살 애호박
연옥 빛에 생명이 숨 쉰다

늦둥이라 서러워서일까
쥐면 금방이라도 눈물이 날 것 같아
어서어서 고이 크거라
사랑의 눈빛으로 보는 마음이란다.

들밭의 아낙

이른 아침 들밭에
아낙의 흙 묻은 장화 신발
거무스름한 흙고물에
파종하는 손놀림이 물찬 제비 같다

한 이랑이 끝날 즈음
허리를 두드리는 주먹으로
이마에 땀방울을 문지른다
여남은 이랑이 유난이 길어 보인다

구름은 산중턱에 쉬는데
밭고랑에 아낙은 일어설 줄 모르고
활처럼 휜 등허리에
산등성이의 붉은 아침 해가 비친다.

그대 옆에 가리라

오면은 온 줄 알며 가면은 간 줄 알리
잔디를 이불 삼아 누워있는 내 임아
이름 모를 기화요초 그대 옆에 있건만
피어도 아니 보니 피었는지 졌는지

친구 벗이 많다한들 혼자 있는 사람아
적막한 산중에 찾는 이도 없는데
숲 속에 뻐꾸기는 외로워서 우는가
풀벌레 울음소리 날 왔다고 알리는지

봄날은 오고 가도 오지 않는 사람아
솔 향기 그리 좋아 어서 오고 싶더냐
아카시아 꽃향기에 아침부터 취해서
고사리는 돋아도 꺾을 줄을 모르네

그 누가 좋다고 옆자리를 달랬나
비워놓은 빈자리에 잔디만 푸른데
뿌려놓은 씨앗들 내 품을 떠날 때
세상일 웃으면서 그대 옆에 가리라

김일헌

경북 영천 생
시마을 대경지회 회원
해동문인협회 영포문학 동인
palau 평화대사
UPF 경북도 국장

지금 수족관에서는

물레방아가 쉬지 않는
낮보다 밤이 환한 동네에서는
긴 머플러를 휘감은 눈이 큰 소녀와의
술래잡기가 진행 중이다

그 날도 달은 밝아
동네 어귀 초가에 몸을 숨기던 그 소녀가
달빛 속으로
몽글몽글한 추억을 피워 올린다

밤이 깊을수록
늙지 못한 추억으로 환하게 다가서서
'못 찾겠다 꾀꼬리'를 외쳐도
아직 술래는 끝나지 않는다.

낙엽에 대하여

아득한 그대의 소식을 듣는 아침
밤새도록 술렁이던 붉고 노란 옴팡진 사연들이
여윈 가지 흔들어 산산이 털려가는 아침
마지막 한 닢의 추억마저도 떠나가는
푸르른 날의 책임 없는 사랑을 했습니다

누군가를 향한 참사랑을 원한다면
채운 가슴을 비우는 일인 것을
그대를 향한 집착은 욕심이었습니다
웅성거리는 소리 무심하게
돌아누워 보지만
눈뜨면 받은 사연만 쓸쓸하게 찢기어
주지 못한 사랑을 했습니다

추억은 쓸쓸하여 불어오는 바람 같은 것
아무 일도 없었던 것처럼
훌훌 털어내는 그대
사랑은 묶어두는 것이 아닌 것을
푸르른 그 시절에는 몰랐습니다
주지 못하여 받지 못할 사랑을 했습니다.

그리움의 나이

푸른 등나무 아래 앉으면
약속도 없는 누군가가 기다려집니다
햇살 뜨거울수록 선명해지는 그림자로
내 앞에 다가서는 추억의 그대
내 가슴 더워질 때
그대의 모습은 쓸쓸하게 일렁입니다
돌아다보는 세월 마디마디
푸른 희망을 걸어두고
맑고 밝게 살아가자고
환하게 꽃등을 내 걸었던 날 있었지요
얽히고설킨 마음 묶어둔 채로 찾아와
푸른 날의 이야기로 흔들어대는
세월 가도 늙지 못하는 등나무의 추억
산다는 건, 가슴에
젊은 추억을 키우는 날들입니다.

호박 넝쿨

그 품 안은 언제나 따뜻했습니다.
한 낮의 태양처럼 훤한 자식으로 키우려
가시덤불 길도 더듬어 길을 내는 어머니
푸른 치맛자락으로 발아래 역한 냄새 덮어두고
보듬은 자식 걸음마다
꼭꼭 매어두고 가는 길
삶이 평탄하지만은 않아
마른 날에 우박 내려, 온몸을 찢어도
목숨 지탱할 곳이 텃밭이라
질편한 땅을 끌어안으며 마음 다잡으시던
늘 푸른 내 어머니
마디마디 열린 새파란 자식들
저 높은 곳에 올려두고 우러러 보고파
냄새 가시지 않은 자리 지키다
하얗게 뼈를 드러내고
여물지 못한 늦둥이, 잡은 손 놓치며
눈물로 나눈 하직인사
내 어머니 닮은 호박 넝쿨을 태우며
가물가물 피어오르는 의식을 치릅니다
그 따뜻한 품 그리며

정옥란

경북 구미 출생, 대구 거주
현대시선 2009년 최우수문학상 수상
현대시선 대구경북경남 지회장(전)
대통령 감사장 외
  각, 기관단체장 표창 총 21회 수상
대구광역시 자원봉사대상후보추천 3회
시집-다시 그리워질 때
공저- 현대시선 이달의 시인등 다수
정옥란 문학커뮤니티
다음카페:니콜의 시와 그리움 세계
http://cafe.daum.net/hopejung57.
E-mail : hopejung57@hanmail

겨울밤

누군가
오고 있다.
조용히 사박사박

흰 나비
나풀나풀
달빛 든 창가에서

태곳적
목동이 모는
양떼소리 들린다.

소 천(召天)

흰 눈밭 길을
세상의 옷 벗어놓고
맨발로 걸어간 네 발이 시릴 것 같아
가슴 저리다.

불혹의 나이를 넘기고도
완주 할 수 없었던 너의 생은
겨울 찬 바람을 끝내 견디지 못하였구나.

너인 듯
온종일 낮달이 떠 있던
내가 알 수 없는
우울한 너의 하늘에선

한 서린 네 눈물인양
어둠을 비추는 눈이 내린다
나뭇가지 위에 하얀 겨울꽃을 피운다.

김장

노모의
손끝에는
마력의 꽃이 핀다.

안도의
한숨 속에
무딘 손 행복하다

올해도
지상 최고의
꽃 피우는 요리사

소 설(小雪)

설한풍
오기 전에
사뿐히 깃털처럼

설레는
거리마다
어머니 모습으로

포근히
세상을 안는
소리 없는 인내천(人乃天)

정재영

전 현대 시문학 동인
한국 문인협회 영천지부
사무국장 역임
시마을 회원

돌산

깎여지고 패여지고
홀씨 하나 키우지 못하는 저 돌산
돌산에 불을 지르자

튼실한 나무들을 키웠던 기억만
오롯이 남아 있는 빈 젖가슴 같은

쩌엉 쩌엉 가슴 터지는 소리만
메아리 되어 이리저리 뒹구는
저 황량한 돌산에 불을 질러
마지막 등신불 되어 활활 타오르면
참회의 예를 갖추자

살풀이 불꽃이 바스러져
돌 사리가 되어 웃을 수 있게

돌산에 불을 지르자

목탁

비어 있는 새장을 보고 있다

살던 새가 죽었는지
아니면
새를 키우려고 사다 놓은 새장인지
알 수가 없다

침묵하는 새장 사이로
바람 한 줄기 지나가고 나면
슬픈 울음소리 여운으로 남아
지나가는 사람들의 발목을 잡고
그들은 약속이나 한 양
자기들만의 새를
한 마리씩 그려 놓고 가는 빈 새장

비어 있는 목탁 속으로
무심한 스님만 드나들고.

회상

거친 숨결 걷히고
몸뚱아리 하나
동전 세 닢 담고
하얀 길 따라가는
꽃 상여에
돌 틈 아귀 풀 나듯
살아온 날들을 묶어
혼.백.육
색동 바람에 실어
왔던 길로
날려 보내면
못다한 회한이
끈이 되어
몇 세상 뒤
꽃 가마 타고
다시 오실까
길 떠나신
어머니

혀

혀가 벌렁 누워 있다
진액이 뚝뚝 떨어진다
불꽃이 화닥거릴 때마다
어른 손바닥만 한
혀가 움찍댄다

석쇠는 벌겋게 달궈지고
누워 있는 혀 위에 소금을 뿌리자
허옇게 돋아 난 돌기들이
티딕 티딕 소금을 뱉어낸다
성난 독설을 보는 것이다

뒤집힌 혓바닥엔 길이
사방으로 나 있다
그 길 위에 씹혔던 말들이 춤을 춘다

생전에 다 하지 못한 말들이
방향을 잃고
가위질을 할 때마다
꽃 비처럼 떨어진다

알코올과 섞인 혀 조각들이
또 다른 혀 위에서 사라진다
피비린내가 난 다

이임영

시인 아동문학가

경북 영천 출생
한국아동문학회 회원
대구문인협회 회원
2006년 서라벌문예 신인상
시집/ 시선은 멀리 행복은 가까이서
　　　그거였네
동시집/시계, 참새와 귀뚜라미 2011
　　　새와 자전거, 꽃편지
　　　우주와 물과 바람의 시 2013
월간아동문학 동시특선5편 -2회 추천
월간소년문학 이달의동시5편 -2회 추천

민들레꽃

짐수레 거친 바퀴
수없이 지나친
길 위에서나

씀바귀 달래 돋아나는
논두렁 비탈
들풀 속에서나

골목길 담벼락 아래
인도블록
돌 틈에서나

한 톨 흙
한 땀 햇살만 있어도

허리에 두른
치맛자락
펼치고 앉아

언제나 해맑게
웃고만 있구나!

벚꽃 연가

가로수 목록 첫 줄에 적혀있는 꽃이
저란 걸 아십니까
봄이면 전국 방방곡곡
길마다 면사포 드리우듯
화사하게 피는 꽃
하늘을 쳐다보면 길 위에
꽃구름이 된답니다

봄이 오는 길목
분홍빛 꽃등을 밝히는
연분홍 화사한 화신이기에
사랑도 봄도
올 때는 분홍색이랍니다

지는 것은 모두 추하다고
누가 그랬던가요
벚꽃 질 때 쏟아지는
꽃비 세례를 받고 싶어
사람들은 우르르
거리로 뛰쳐나온답니다

그늘도 때로 선물이 된다기에
여름엔 녹음과 그늘을 드리겠어요
가을에 물든 빨간 단풍의 빛깔은
노란 은행잎과 어우러져
또 하나의 화원이 된답니다

겨울의 앙상한 빈 가지는
한 뼘 햇살도 가리는 법이 없으니

사계절 사랑스러운 꽃
내가 왜 가로수의 여왕인지
이제 아시겠지요?

가을 풍경

숨가쁘게 달려온 계절을 지나
정염 잃은 햇살이
툇마루에 드러누우면
성큼 드러난 황금빛 들판에
풍요의 고요가 흐른다

폭염과 대적한 인고의 시간은
소리 없는 다듬이질이었구나
갓길 해바라기 비틀린 고개가 무겁고
석류알 대추 알 붉어지는 뺨 위에
결실을 마름질하는 햇살이 곱다

포플린 치맛자락 들치던 남풍이
길을 바꿔 편서풍으로 불면
높아진 하늘길을 수숫대 노를 젓고

심포니 오케스트라 3악장
클라이맥스 울리는 들판에
치수 큰 남방에
벙거지 모자 눌러 쓴
허수아비가
지휘봉을 잡았다

들꽃 연가

나비는 날개 접고 돌아간 산야
벌꿀이 그득한 갈참나무 벌집에도
한해의 갈무리 끝나갈 무렵
하늘은 청자빛으로 깊어가는 날
양지쪽 햇살 온화하고
언덕배기 바람 유순할 때

빼어나지 않은 수수한 미소와
도드라지지 않는 그윽한 향기로
돌아서는 마지막 계절 부여잡고
이 땅에 왔다간 생명의 징표 하나
금수강산 지켜갈 끈끈한 생명의 씨앗
조용히 떨구고 떠나갑니다.

꽃재의 여름

꽃재의 겨울

꽃재 사람들

지은이 시바다 동인
펴낸이 이수현
발행처 꿈을엮는책
인쇄일 2013년 12월 10일
주 소 서울시 강남구 선릉로 148길 48-14
TEL 02-855-2599, 070-8100-8330
홈페이지 꿈을엮는책 다음카페
E-mail dreampapers@hanmail.net

국립중앙도서관 출판시도서목록(CIP)

꽃재 사람들 : 詩바다 시선집 / [시바다 동인 편]. -- 서울 : 꿈을엮는책, 2013
p. ; cm

ISBN 978-89-967549-5-4 03810 : ₩10000

한국 현대시[韓國 現代詩]

811.7-KDC5
895.715-DDC21 CIP2013026069